30秒看世界

30秒认识古希腊

[英] 卡思·森克尔 著
[芬兰] 埃西·金皮迈基 绘
[英] 马修·尼克尔斯 顾问
刘小青 译

中信出版集团 | 北京

图书在版编目（CIP）数据

30 秒认识古希腊 /（英）卡思·森克尔著；刘小青译 . -- 北京：中信出版社，2019.7
（30 秒看世界）
书名原文：Ancient Greece in 30 Seconds
ISBN 978-7-5217-0732-8

I. ① 3… II. ①卡… ②刘… III. ①古希腊－历史－少儿读物 IV . ① K125-49

中国版本图书馆 CIP 数据核字（2019）第 116911 号

30秒认识古希腊

著　　者：[英] 卡思·森克尔
译　　者：刘小青
出版发行：中信出版集团股份有限公司
（北京市朝阳区惠新东街甲 4 号富盛大厦 2 座　邮编　100029）
承 印 者：北京利丰雅高长城印刷有限公司

开　　本：787 mm × 1092 mm 1/16　　印　　张：5　　字　　数：60 千字
版　　次：2019 年 7 月第 1 版　　印　　次：2019 年 7 月第 1 次印刷
京权图字：01－2018－7505　　广告经营许可证：京朝工商广字第 8087 号
审 图 号：GS（2018）5921 号
书　　号：ISBN 978－7－5217－0732－8
定　　价：460.00 元（全 20 册）

图书策划：见识城邦
策划编辑：肖雪　程时音　　责任编辑：卢建勇　曲沛然　于贺
营销编辑：杨璞　　装帧设计：象上设计
责任印制：刘新蓉

30秒认识古希腊

目录

建筑、艺术和科学 / 53

战争和帝国的终结 / 67

序

60秒介绍

古希腊文明是古代世界伟大的文明之一，因为众多的西方艺术、建筑、科学、政治思想和文学都来源于极具开拓精神的古希腊文明，所以它有时又被誉为“西方文明的发源地”。

古希腊由希腊大陆以及位于地中海地区的爱琴海和爱奥尼亚海的数百座岛屿组成。现在的土耳其、西西里、意大利南部、黑海的部分地区，甚至法国南部也曾是古希腊的城邦。公元前800—前30年，古希腊人居住在那里。

你对这一古老文明了解多少？或许，你听说过人们在今天的希腊找到了古希腊神庙的残骸；或许，你知道古希腊人发明了民主制这一今天大多数国家采用的政治制度。古希腊思想家还提出了许多数学和科学领域的基本定理。古希腊的遗产渗透日常生活的方方面面：你可能会去体育场运动，或在解决数学问题时用到圆周率。在你观赏日落

时，你知道地球绕着太阳转，而不是太阳绕着地球转，而这一发现也是古希腊人的贡献。

我们如何了解古希腊？他们为后人留下了大量关于当时文明的遗迹，一些建筑、雕塑留存至今。考古学家挖掘出了古希腊的城邦，并发现了成千上万个漂亮的花瓶、碗、盆，上面画有日常生活的图景。人们还发现了刻在石头上的古希腊文字。尽管许多古希腊的书籍已经丢失，但古罗马人以及后来的阿拉伯人都制作了古希腊作品的抄本，由此，古希腊的思想也得以世代流传。

这本书揭示了一些古希腊社会的生活细节。你能看到古希腊人的家：人们在酷暑下如何乘凉？如何上厕所？吃得健康还是糟糕透顶？他们靠什么维持生计，又有什么娱乐活动？他们如何打仗，医生能否治好伤员和病人？读完本书，你将找到这些问题以及更多问题的答案。

每个主题用30秒即可读完。如果你赶时间，也可以简单读总结。每幅整页的插图也提供了一个全彩的快速浏览指南。如果你还有几分钟空闲，可以试试各种动手活动。很快，你就会对古希腊的生活有一个很好的了解。

古希腊社会

迈锡尼文明是青铜时代的古希腊最先进的文明。我们对这一时期的历史知之甚少——它的衰落伴随着黑暗时代的到来。约公元前800年，古希腊再次强盛，贸易扩张，拉开了黄金时代的序幕。我们所了解的“古希腊”一般是从这个时期开始的。古希腊城邦林立，各有各的统治方式，但所有城邦都拥有共同的文化、宗教和语言。

古希腊的兴起

30秒大揭秘

约公元前3500年的青铜时代，米诺斯文明在克里特岛上兴起。在地中海周围开展的贸易让米诺斯文明得以强盛，日渐富有。技术高超的手工艺人在克诺索斯建造了巨大的宫殿。约公元前1500年，火山爆发和地震改变了当地的气候，庄稼收成不好，米诺斯文明也受到了重创，从而使入侵者更易于征服他们。

随后，在我们今天称为希腊的土地上，迈锡尼文明发展起来，并征服了克里特岛，夺取了位于地中海东部的米诺斯人的贸易路线。迈锡尼人从米诺斯人处学到了在泥版文书上保留书面记录的方式，许多记录留存至今。公元前1100年左右，北部的部落征服了迈锡尼人，迈锡尼文明衰落。

随之而来的是黑暗时代——历史上并没有关于这一迈锡尼文明之后的时期的书面记载。当地军事首领占领了不同地区。但对普通百姓而言，生活没有太大的变化，他们还是像以前一样耕作劳动。希腊人学会了使用铁器制造工具和武器，大约到了公元前800年，人们越来越富有，贸易也再次繁荣起来。古希腊的黄金时代即将拉开序幕。

3秒钟总结

米诺斯文明发源于克里特岛，随后迈锡尼文明在希腊兴起。

小知识

克诺索斯王宫

在米诺斯王朝的首都克诺索斯的中心坐落着一座辉煌的王宫。宫殿装点着美丽的壁画，还有自己的供水系统、室内洗手间和上百个房间。约公元前1380年，王宫在一场大火中被烧毁，那之后再没有被重建。但你现在可以在克里特岛上看到它的遗址。

米诺斯文明和迈锡尼文明是青铜时代两个伟大的文明

米诺斯人（前3500—前1100年）居住在克里特岛上

米诺斯人认为公牛是神圣的

米诺斯壁画上的男人和女人抓着一只公牛的牛角，并在牛背上翻筋斗，这些都属于宗教仪式的一部分

迈锡尼人（前1600—前1100年）居住在遍布该地区的小国家

迈锡尼人将所有运到他们城市的商品都记录在泥版上

考古学家已经知道如何破解古希腊的文字了，他们称之为“线性文字B”

希腊城邦

30秒大揭秘

黄金时代的古希腊不是一个统一的国家，而是由一百多个城邦——小国家组成的。它们或被山峰隔绝，或在小岛上形成。每个城邦都包含城市和城市周边的土地。大多数城邦都出现在沿海地区，那里地势平坦，适于耕作。

雅典是最强大的城邦，土地辽阔，且贸易为那里带来了大量财富。其他重要的城邦包括斯巴达、科林斯、阿尔戈斯和底比斯。

每个城邦都有自己的政府和首都。这些城邦的治理方式各不相同，斯巴达和很多其他城邦采用寡头统治，由少数有权势的人统治，有时是一个僭主（一个有权势的男人）掌权。有些僭主能把国家治理得井井有条，庇西特拉图就是公元前6世纪中期雅典的一位政绩杰出的统治者，成就非凡。其他专制君主就没这么成功了。公元前6世纪末，雅典转为民主制。

尽管希腊的治理方式各不相同，但所有人都说同一种语言，共享同一种文化和宗教。古希腊人拥有很强的身份认同，他们把古希腊人以外的人称为“barbarians”（“野蛮人”的意思），因为他们觉得这些含糊不清的外国语言听起来就像是“bar-bar-bar”（啪啪啪）的声音。

3秒钟总结

古希腊由许多城邦组成，它们拥有共同的文化。

小知识

外邦人

到某一城邦工作或从事贸易的外籍人被称为外邦人，他们占雅典人口的40%左右。外邦人通常来自其他城邦，说希腊语，且能在商业上取得成功，甚至能成为贵族的一员。但他们永远不可能成为大城邦的公民。

古希腊被分为一百多个城邦，这些城邦享有政治独立

古希腊内陆多山，大多数人居住在海边

城邦信奉同一种宗教，古希腊人相信他们的神居住在古希腊最高的山——奥林匹斯山上

富裕的科林斯城邦是古希腊大的贸易中心之一

许多古希腊伟大的思想家和作家都生活在以艺术和学问闻名的雅典城邦

斯巴达城邦强调战争，这里的男人终其一生都在为战斗而训练

出发去殖民地

30秒大揭秘

大部分古代文明都是在农业富足的基础上发展起来的，但古希腊不是。那里的群山覆盖了近五分之四的陆地以及一些小岛，农田十分稀少。这也是敢于冒险的希腊年轻人决定在小亚细亚和地中海周边开拓殖民地的原因。

旅行者乘船到了今天的塞浦路斯、意大利、突尼斯、土耳其和西班牙东海岸并定居下来，他们冒着遭遇海上风浪、海难和海盗袭击的危险抵达新世界。

上岸之后，他们既没有占领土地，也没有赶走当地人，而是建立了农业殖民地。他们也从事贸易。大多数人十分欢迎古希腊人，因为古希腊人卖给他们精炼的橄榄油、葡萄酒、金属制品、陶器和布料。相应地，古希腊人从他们那里买来粮食、香料和腌鱼，还有莎草纸、象牙、贵金属和木材。粮食对喂饱古希腊土地上的人至关重要。他们还买奴隶——人类历史上这种可怕的贸易在古代再正常不过了。

在殖民地上，古希腊人的身份感更强了，因为移居者远离家乡，非常想念家乡的食物和他们的朋友。古希腊人把自己的生活方式和文化带到了这些地方。

3秒钟总结

古希腊人在小亚细亚和地中海地区建立了农业殖民地。

3分钟任务

假如你是一个开拓者

古希腊的开拓者们告别朋友、背井离乡，是一件非常痛苦的事。想象你是一名年轻的古希腊探险者，准备出发前往一个殖民地。写一封信告诉你的朋友，去一个全新未知的地方生活，你有什么感想，你会想念什么，你能获得什么。

自公元前8世纪起，古希腊人在地中海和黑海附近建立起殖民地

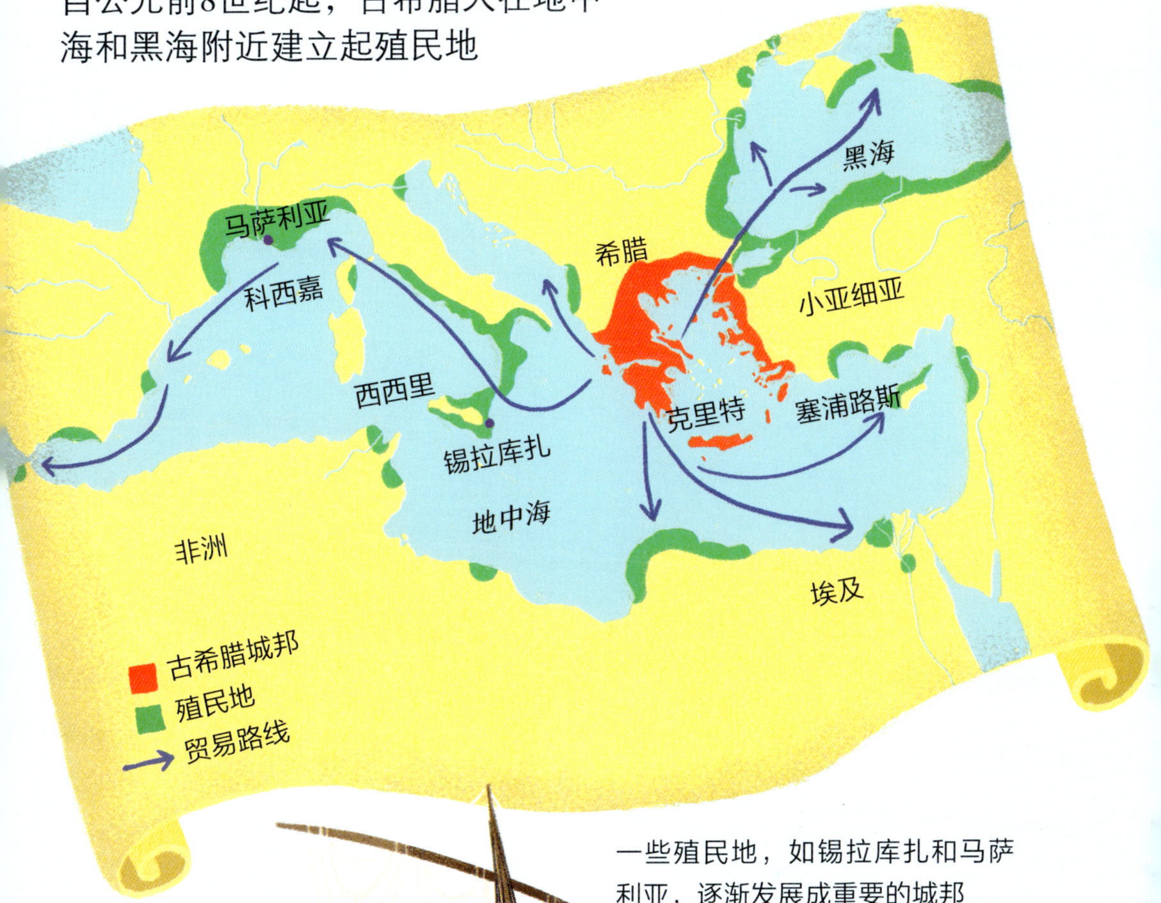

一些殖民地，如锡拉库扎和马萨利亚，逐渐发展成重要的城邦

古希腊的航船船头画了一只眼睛，水手们相信这只魔力之眼能指引他们安全到达港口

殖民者建立农场或从事贸易

希腊社会

30秒大揭秘

所有城邦都有等级制度。等级制度的顶端是贵族，统治者来自这一阶级。他们之下是较贫穷的公民，以劳动谋生，他们多数是商人、手工艺者、体力劳动者和农民。

女人享受的权利和男人不同。她们必须听从父亲或丈夫的命令，这也是古希腊的法律规定之一。女人不能参与所在城邦的公共生活。比如，她们不能在法庭上做证，未获允许不可以买卖高于一定价值的物品。

在社会最底层的是奴隶，一些是战争中的俘虏，其他的或生于奴隶家庭，或被极度贫困的人卖给别人用于还债。

许多奴隶在希腊人家里干活，几乎每家每户都至少拥有一个奴隶。一些奴隶主对奴隶非常友善，视他们如亲人。其他奴隶主通过殴打，或让奴隶饿肚子，来强迫他们每天从早到晚地工作。这些奴隶通常年纪轻轻就丧命了。但即便受到主人的照顾，他们也没有自由。

3秒钟总结

古希腊社会由贵族、平民和奴隶组成。

小知识

劳里昂银矿

位于雅典城邦的劳里昂拥有银矿，在这里工作的是奴隶和服刑的罪犯，条件十分艰苦。工人们被送到100米深的狭窄竖井下，挖掘珍贵的金属。银制品的生产给雅典人带来了财富，但这对穷苦的奴隶来说并无益处。

古希腊社会就像一个金字塔，最顶端是极少数的有钱人，底部是广大奴隶

贵族是最富有、最有权势的人，他们生活安逸，被许多奴隶服侍着

女人不拥有像丈夫一样的地位

较贫穷的公民是出生在城邦的自由人，以工作谋生

手工艺者　教师　农民　建筑工人

奴隶通常是战败的俘虏，他们没有人身自由，像货物一样被买卖

古希腊将近一半的人口都是奴隶

雅典：民主政治

30秒大揭秘

在公元前6世纪末的雅典，许多公民渐渐厌倦了贵族统治，他们希望在政府中获得话语权。公元前508年，政治家克里斯提尼改变了雅典的统治方式。寡头统治和专制君主被推翻，世界上第一个民主政体建立了，用希腊词语democracy表示“由人民进行统治”。

所有成年男性公民都能参与公民大会，决定新的立法是否通过。若要做出重大决定，至少需要6 000名男性出席会议，会议每十天在普尼克斯这个特定的地方举办一次。如果人数不够，会从街上把其他公民拖过来参加。每个人都有发言权。

五百人议事会通过抽签决定，他们提出法案供公民大会讨论，并管理城邦的日常事务。同时，议事会选举出十位强大的将军，负责指挥陆军和海军。即使在现代民主制度中，公民也无权选举将军。

然而，大部分人都被排除在雅典民主制之外。法律赋予男人控制女人的权利，女人不拥有个人权利，外邦人和奴隶也是如此。只有少数人管理着雅典，但这仍是民主制的开端。

3秒钟总结

在雅典的民主制下，公民有权决定城邦的统治方式。

小知识

放逐

“放逐”一词来源于古希腊，表示将一个人从社会群体中剔除。公民大会的成员有权投票决定弹劾某个不受欢迎的政客。他们把他的名字刻在陶器碎片（又称陶片）上。如果有足够多的人给这个人投反对票，他就会被放逐，离开雅典十年。

男性雅典公民参与公民大会，公民大会再选举议事会和将军，从而管理城邦

公民大会负责做出重大决定，每十天在雅典的普尼克斯山上集会一次

公民大会以抽签的方式选出五百人成立议事会，议事会负责管理城邦的日常事务，在议会厅集会

议事会选出十名将军，将军掌管陆军和海军

斯巴达生活

30秒大揭秘

雅典最强劲的对手是名为斯巴达的城邦，其统治方式与雅典不同。五个有权势的人（又称监察官）和两位国王一起管理国家。斯巴达是勇士之国，拥有古希腊最强大的军队。

斯巴达人设计了一种巧妙但不太公平的制度，好让自己免受耕作之苦。斯巴达掌控了邻邦美塞尼亚，并迫使当地人在斯巴达的土地上耕种。这些不幸的劳动者又被称作斯巴达的奴隶，必须把收成的一半分给他们的主人。

斯巴达人不需要务农，他们的大半辈子都跟军队密不可分。女孩在学校学习战斗技能，力求确保身体健康强壮，将来生出健康的宝宝。男孩七岁就被带离家庭，被训练成勇士。他们总是吃不饱，在山区的寒冷天气里也穿不暖。艰苦的条件教会他们如何在战争时代偷些吃的或寻找一个避难所，从而得以保住性命。这也是为什么我们用“斯巴达”一词来表达“严苛，没有享受”之意。

3秒钟总结

斯巴达社会以军队为基础，所有男性——男孩和男人，都必须参军。

小知识

斯巴达的女性

斯巴达的女性比希腊其他地方的女性拥有更多权利。她们能拥有个人财产，如果丈夫外出打仗时间过长，她们甚至可以改嫁，尽管新的丈夫也是一名战士。斯巴达女人的丈夫和年长的孩子常年不在身边，因此她们基本没有什么家庭生活。

斯巴达人一生中的大部分时间都在训练，为战争做准备

孩提时代，男孩女孩混在一起练习

男孩七岁离开家人，在军队的寄宿学校生活。他们在集体中长大，大部分时间进行体育和军事训练。男性在二十岁时成为士兵，余生的大多数时光都在军队中度过

女孩在学校学习如何打斗，她们的训练包括跳舞、跑步、摔跤以及掷标枪

斯巴达人所有的食物都由奴隶耕种，因此斯巴达人就有更多时间去打仗了

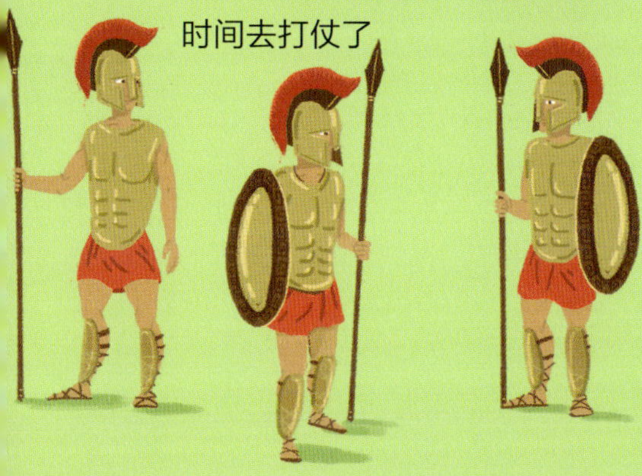

女性负责管理家庭农场，给奴隶下指令

家庭生活

我们对古希腊的日常生活了解甚多，在某种程度上是由于古希腊一些富裕家庭的房子留存至今。男性和女性拥有单独的房间，中间是一个供户外活动的院子。有关家庭用品的画作告诉我们当时的人穿什么、吃什么，以及如何保持卫生和健康。孩子们和他们的父母生活相差不大，甚至穷苦的家庭也有一些玩具和游戏。

和希腊人在家

30秒大揭秘

多数古希腊人住在简陋的泥砖房里。一些房子是石头做的，至今保存完好，这些房子很可能属于富人。

女人和男人在家里的不同地方活动。男人在家时，会在男人专用的房间里谈生意、接待朋友。女人也有她们自己的空间，称为女眷内室。家境好的女性大部分时间都在房间里待着，由奴隶照料家庭和小孩。穷苦的女人则需要自己操持全部家务并照顾小孩。

至少，人们没有太多复杂的清洁工作要做。古希腊人用的都是最基本的家具，地板是光秃秃的泥地，但公元前300年起，有钱人就用起了漂亮的马赛克图案。墙壁有时抹上灰泥并刷成红色或白色。人们坐在长沙发或硬木椅上，吃饭的桌子很低，靠三条桌腿在不平的地板上保持平衡。

室内阴冷昏暗，人们大部分时间都在外面的院子里活动，这里还是女人煮饭和缝补的地方。家里的祭坛也设在这里。古希腊的气候转暖时，院子是绝佳的地方。

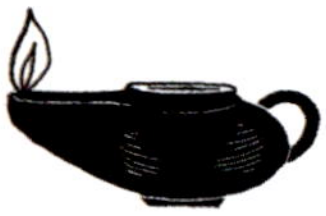

3秒钟总结

古希腊人的住宅阴冷昏暗，家具简陋。

小知识

上厕所

只有富人的住宅里才有浴室和厕所，与之相连的下水道的流水能把脏东西冲走。大多数人要么共用一个室外洗手间，要么用便壶，它类似婴儿的尿壶，用完就直接在大街上倒掉。因此，你要小心走过的地方喔。希腊人没有厕纸，他们凑合着用石头做便后清洁。

希腊富人家的房子由石头砌成，中间有一个院子

人部分希腊人住在简陋的泥砖房里，这些房子没几年就会塌，必须重新修建

在女眷内室中，女人编织，照顾孩子，做游戏，或和客人闲聊

洗澡水从井里打上来，然后在火上加热

高处的小窗使屋子保持凉爽

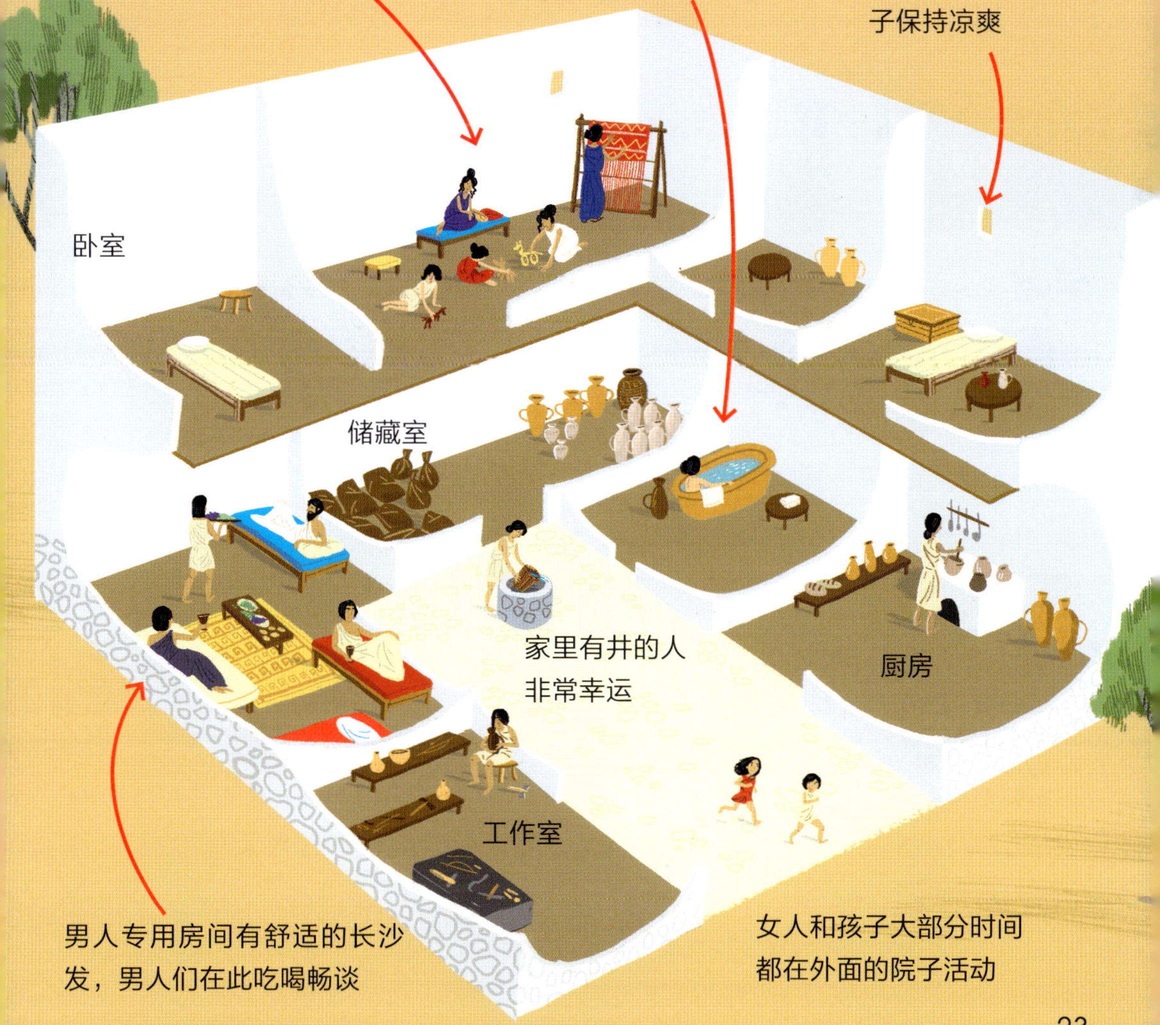

家里有井的人非常幸运

男人专用房间有舒适的长沙发，男人们在此吃喝畅谈

女人和孩子大部分时间都在外面的院子活动

食物和大餐

30秒大揭秘

在古希腊，大多数人的饮食简单、健康，但是富人喜欢在奢华的宴会上用山珍海味把胃填得满满的。不管是粗茶淡饭还是美味佳肴，都由贫穷的女性和女奴隶负责准备。

对于早餐，大部分人在工作前随便吃点泡过酒或橄榄油的面包，午饭是冷食，包括奶酪面包、橄榄或水果。晚餐只有一些粥和青菜，有时也有鱼和蛋。肉是很少见的。

富人家的大餐包括各式各样的肉，从鹌鹑到蜗牛，再到他们捕获的猎物，如野兔、鹿或野猪。每道菜还配有咸味或甜味的酱汁。富人也喜欢鱼和海鲜，他们把鱼铺在香草上享用，章鱼很受欢迎。至于甜品，餐桌上随处可见水果、坚果、奶酪和蜂蜜蛋糕。

用餐时，古希腊人喝兑过水的葡萄酒，因为没兑水的酒实在太烈了。山羊奶也是他们常喝的饮品。但古希腊人的菜单上没有诸如咖啡和茶这样的热饮。

3秒钟总结

大多数古希腊人日常吃面包、蔬菜和水果，只有富人才吃肉。

3分钟任务

做一份希腊薄饼

你需要：一杯面粉、一杯水、两汤匙蜂蜜、橄榄油、煎锅、一汤匙芝麻粒和一个成人助手

1. 将面粉、水和一汤匙蜂蜜调成糊状。

2. 把油加热后，加入1/4的面糊。将薄饼煎至两面金黄。其他三个薄饼按同样方法处理。

3. 蘸上剩余的蜂蜜和芝麻粒就可以了。

富有男人举办的宴席叫座谈会，女人被雇来表演节目以供享乐，但不允许参与娱乐活动

希腊的服饰

30秒大揭秘

古希腊人穿着朴素，多数人穿一件宽松的袍子，用一块布料将身体包起来，并用胸针固定。男人穿及膝短袍，手工艺人和奴隶通常只围一块遮羞布。女人穿长袍。古希腊人不穿内衣裤，所以如果你在公共场合掀起长袍，就会被视为粗鲁无礼。

普通人穿的通常是米色，即亚麻和羊毛原本的颜色的衣服。你能很轻易地分辨出富人，因为他们会穿柔软的丝质长袍，且颜色通常比较鲜艳。衣服用番红花香料染成黄色，或用一种贝类染成紫色。

天气转凉时，人们会在袍子外头再加一件斗篷，称为希玛纯。这件衣服将身体包裹起来，搭在肩膀上。条件好的人穿皮凉鞋或皮鞋以保护双脚。穷人买不起鞋子，冬天也是光着脚。

有钱的女人喜欢搭配用金、银或象牙制成的项链、耳环和手镯。如果家庭穷困，只能戴便宜一点的用铜、骨头或玻璃制成的首饰了。

3秒钟总结

古希腊人穿袍子，男人穿短袍，女人穿长袍。

小知识

妆容

古希腊女人喜欢化妆。她们画红色或绿色的眼影，并在眉毛或眼皮上抹煤灰或木炭。女人崇尚苍白的脸色，因为这表明她们非常富裕，不需要在户外干活。她们在脸上涂含铅的护肤品让皮肤变白，却不知道铅其实是有毒的。

大多数古希腊人穿一件简单的袍子，天气转凉时披上保暖的斗篷

希顿古装是公元前750年至公元前30年人们穿的基本款长袍，当时的人们夏天穿亚麻或丝质长袍，冬天换成羊毛袍子

有钱女人留长发，显示她们不需要工作，她们将长发盘起，用缎带绑出复杂的发型

小孩没有专门的服饰，他们穿的就是父母的衣服的迷你版

天气转凉时，人们会在袍子外加一件斗篷

人们在户外穿凉鞋，回家后把鞋子脱掉

健康和治疗

30秒大揭秘

古希腊医学融魔法和科学于一体。早期的古希腊人认为疾病是来自神的惩罚，因此治疗方法包括向医术之神阿斯克勒庇俄斯祈祷，给他献祭等。公元前400年起，医生开始寻求科学的方法给人治病。希波克拉底医生教医学生如何为病人做检查，通过向病人问问题了解他们的身体出了什么问题。

希波克拉底还建议人们每天保持清洁，因为保持清洁有助于预防疾病。古希腊有提供干净泉水的公共喷泉，也有配备温暖房间和热水的公共浴池，是第一个拥有这些设施的文明。

古希腊的一些药方非常有效。医生用柳树皮来治发烧，柳树皮中的一种化学物质至今仍被用作止痛药。其他疗法就不那么奏效了。医生们认为让病人流血（放血）能治疗疾病，但事实上是雪上加霜。这种方法一直到19世纪才被废除，估计治死了好多病人。

外科手术极其危险，能免则免。如果病得太重，医生会把病变的四肢切除。能免于感染并活下来的病人是非常幸运的。

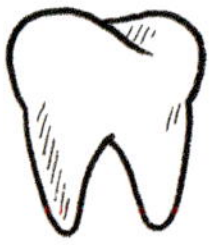

3秒钟总结

古希腊医生能够治好某些疾病，但外科手术非常危险。

小知识

死亡和来世

如果不因病而死，古希腊公民能活到60岁。人们相信死后会到冥界，也就是地府。他们需要聘一个船夫带他们穿过冥河以到达冥界。在葬礼上，逝者嘴里放的一枚硬币即是付给船夫的钱。抵达后，英雄和好人去极乐世界，这是一个快乐的地方；而坏人被送去一个叫塔尔塔洛斯的可怕深渊。

人们在冲洗时先用冷水再用热水，从而彻底把身体洗干净，之后，他们在身上抹上橄榄油

希波克拉底建议病人好好休息，健康饮食

许多古希腊的疗法都很奏效，且基于常识

约公元前400年起，医生就建议发烧或有肿块的病人嚼柳树皮

古希腊的外科医生具备良好的接骨和拔牙技术。手术器材包括外科用的手术刀和牵引器

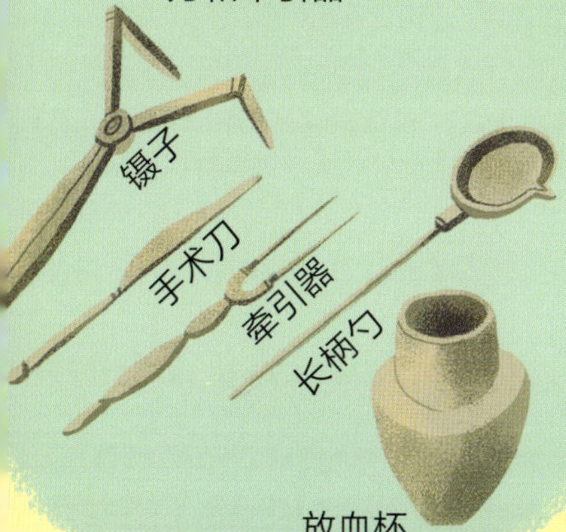

一些疗法并不奏效，如医生们相信放血能恢复体内平衡并治好疾病

儿童：困苦和玩具

30秒大揭秘

穷人家的孩子童年十分艰苦。他们随父母外出干活，同时也要分担家务。即使是富家子弟，也要忙着学习以仿效父母，但他们可能有更多的闲暇时光。

但是，古希腊人是最早将童年视为一个独立人生阶段的民族。他们给孩子充分的机会嬉戏玩耍。富人家的孩子有各种各样的游戏，比如滚铁环、荡秋千、玩跷跷板、互相背着玩，或是玩跳背游戏。

孩子们也玩玩具，如旋转陀螺、摇摆木马、小卡车、小船、玩具士兵、小动物、陶瓷娃娃或布娃娃。他们也玩类似现代象棋和跳棋这样的棋盘游戏。那些最穷的孩子只能自己做玩具，比如用动物的小骨头做成抓子儿。

男孩和女孩都有机会玩耍，但女孩的童年相对短一些。在14岁左右，她们就要把所有玩具捐给神庙，并嫁给父亲为她们挑好的夫婿，一般是亲戚或朋友。

3秒钟总结

富人家的孩子有很多玩具和游戏，而穷人家的孩子只能自制玩具。

3分钟任务

玩抓子儿游戏

你需要：五颗大小相仿的小卵石

1. 用一只手向上抛一颗本子儿，抓起另一颗卵石，并用手背接住刚刚抛出的一颗本子儿。
2. 如果成功了，把握在手中的卵石放下，再照第一步使用本子儿，轮流抓剩下的其他卵石。
3. 遵循同样的玩法，但这次一次抓两颗卵石。
4. 这之后，同时抓三颗卵石，再抓最后一颗。最终，同时抓四颗卵石。

孩子们玩各种各样的室内游戏和户外游戏

跳背游戏很流行

抓子儿是一项很受欢迎的游戏，很容易就能在地上找到动物的小骨头，然后玩一局

球是用充气的猪膀胱做的

娃娃是用黏土烧制的，衣服就刻在身上，还有活动的胳膊和腿

和今天一样，小孩子喜欢带轮子的玩具

孩子跟着铁环跑

教育和工作

古希腊时期的大多数时候，只有男孩能上学，女孩则待在家里给母亲帮忙，并学习如何料理家务。多数人以耕作为生，穷困的女人和男人一起劳作。有些人从事手工业，做家庭用品、工具、兵器和首饰。在市场上，商人把他们的物品卖出去，顾客前来购买食物等家里所需的一切物品，包括奴隶。

终身学习

30秒大揭秘

古希腊人相信工作是为男人而设的，而家庭是女人的归宿。女孩待在家中，由母亲教她们如何料理家务。古希腊时期的大多数时候，只有男孩能去上学，斯巴达除外。

女孩学做饭、纺织和缝纫。在富裕的人家，有时也会有一位家庭教师教女孩读书、写字和演奏乐器。人们认为演奏乐器是适合女孩的消遣活动。

父母需要支付男孩的学费，因此只有有钱人家的男孩才能接受从7岁到18岁的完整教育。穷人家的孩子只能上三到四年的学，而最穷的孩子甚至读不起书。学习科目包括数学、阅读写作、演讲、诗歌、音乐，还有体育。小孩在涂了蜡的木板上写字。

在斯巴达，教育和其他城邦截然不同。所有男孩都接受军事训练，他们也学一点读书写字，但大部分时间在进行体育运动和军事训练。

3分钟任务

制作一个简易蜡板

你需要：两张A4规格的瓦楞卡纸、铅笔、尺子、剪刀、胶水、蜡、碗、带把手的煎锅、牙签和一个成人助手

1. 在一张卡纸上，在距离边缘2厘米的地方各画一条线，把中间部分剪掉，形成一个边框，并将边框粘到另一张卡纸上。

2. 在大人的协助下，把蜡装在碗里，然后放进煎锅里，锅中装有半锅的热水。蜡将会熔化。小心翼翼地将薄薄的蜡层倒在纸板上。凝固后，再倒另一层。等其凝固。用牙签在上面书写。

3秒钟总结

男孩在学校接受教育，而女孩学习如何料理家务。

古希腊的男孩去上学，女孩待在家里

一个奴隶（又称paidagogus）陪男孩一起去学校，如果孩子不听话，奴隶可以打他

运动极其重要——男孩得做大量搏击、摔跤和跑步练习

数学是主要科目

儿童在蜡板上书写，他们用铁笔在蜡上刻字，抹平之后可以循环利用

女孩从母亲那里学习如何料理家务，她们学习纺织、缝纫和烹饪

幸运的女孩能在家里接受教育，学习阅读、写作和演奏乐器

耕种土地

30秒大揭秘

许多古希腊人以农耕为生，但这是一件苦差事。橄榄和葡萄在山坡的土壤里长势良好，但基本没有平地供人种植粮食作物。多数农田规模小，只能种出刚好够全家人吃的粮食。好在这里夏季炎热干燥，冬季寒冷潮湿，气候适宜种植粮食作物。

橄榄在古代很受欢迎，地中海周边的人十分乐于用货物和希腊人交换橄榄油，古希腊人也喜欢葡萄酒。葡萄收成的大部分都用来酿酒了，但一些葡萄也用来直接食用或制作葡萄干。

最主要的农作物是大麦——这种谷物可以做面包。大麦秋天播种，经过多雨的冬天和春天，逐渐成熟。农民种植各种各样的水果和蔬菜，包括苹果、无花果、豌豆、菜豆、小扁豆、洋葱和大蒜。他们也种亚麻，以织成亚麻布。

希腊农民还养绵羊，以获取羊毛；养山羊，以获取羊奶和羊皮；养猪和鸡，以获取猪肉和鸡肉。沿海地区有许多渔民，乘坐小木船出海，用网和矛捕捞海产。

3秒钟总结

农民种植许多粮食作物，并饲养动物以获取奶和肉。

3分钟任务

制作葡萄干

你需要：新鲜且未受损的葡萄、剪刀和一个板条托盘

1. 听天气预报，看未来三天是否下雨。
2. 除去葡萄的粗茎，留下细的部分。将葡萄清洗干净。
3. 把葡萄放在托盘中，置于户外干燥、阳光充足的地方。如果晚上有露，把葡萄拿到室内。
4. 两三天后，你就能吃到葡萄干了！

农民收橄榄的时间是从头年11月到来年3月，这是一项时间长、耗体力的工作

人们用长棍敲打树枝，让橄榄落下，并把落下的橄榄收集起来

一些橄榄被留下来食用，但大多数用石磨榨成油

第一次压榨出来的是最上等的橄榄油，可以用来炒菜或直接食用

后面压榨出来的橄榄油被用于制成药品，做灯油、香水和化妆品，甚至做成防晒霜

创意手工艺

30秒大揭秘

女人和女孩擅长做手工，制作家庭成员的全部衣服。在市场上，手工艺者在他们的作坊里制作各种锅、陶器、鞋子、包和首饰。

做衣服很耗费时间——人们首先要把布织出来！据说，科斯岛上一个名为潘妃娜的女人发明了一种技术，能把蚕丝纤维从蚕蛾身上抽出来，并纺成华美的丝绸。多数女人使用便宜的羊毛或亚麻。她们将其纺成线，再在织布机上织成布，有时也给布染上色。织好布后，女人就可以制作家人所需的衣服和饰品了。穷人把纺织品拿到市场上卖，赚点钱。

手工艺者制作日常所需的实用物品，为自己的作品感到骄傲，希望它们有好看的外观。雅典人以黑彩陶器（后来以红彩陶器）闻名。花瓶、碟子和碗都饰有美丽的日常生活图景，如耕地和过节。

古希腊人也使用金属。青铜被拿来制作兵器和双耳瓶，这种瓶能装水、装酒和装油。科林斯城便以漂亮的银饰和金饰闻名，这些都深受有钱女人的喜爱。

3分钟任务

制作一个黑彩陶器

你需要：陶罐、铅笔和黑色丙烯颜料

1. 设计你的作品——在网上搜索黑彩图案，寻找灵感。
2. 用铅笔在陶罐上拟好草稿。
3. 给图案涂上颜色，待其变干。

3秒钟总结

女人制作衣服，其他手工艺人生产陶器、兵器和首饰。

古希腊手工艺者以会制作优质的布料、漂亮的陶器和金属制品而闻名

多数女人都会纺织，在富人家也是如此，她们使用垂直竖立的织布机，布料织好后被卷在顶部

用泥釉（湿黏土）在红色陶罐上画好图案，再在火上加热，就制成了黑彩陶器，之后手工艺人会在黑色部分刻上细节

金属工匠制作各种物品，从兵器到碗和杯子，再到珠宝精品

公元前6世纪晚期，陶器的流行风尚发生了改变，陶器的背景部分涂上了釉，而图案和花样保留了本来的红色，这就是所谓的红彩陶器

到集市去

30秒大揭秘

集会所即集市，是每个城镇的中心。人们聚在这里买卖商品，交换新闻和小道消息。这里人声鼎沸，熙熙攘攘，小贩为招揽顾客高声吆喝，小丑和杂技演员为过往的行人提供娱乐。

平坦的沿海地区修有道路，所以小商贩可以用畜力车把货物运到集市上。但希腊的道路状况恶劣，坑坑洼洼。许多人用驴和骡子载货，而自己走路。

在集会所，人们可以买到种类繁多的物品，从水果到羊皮，甚至奴隶。多数商贩卖吃的，手工艺人卖器具，补鞋匠、理发师和铁匠为人们提供各种服务。奴隶贩子把他们的俘虏带来供当地人检查和购买。

在钱币发明出来之前就有商品交易了。你如果想要山羊，可以用家里的鸡来换。硬币很可能最早出现在公元前7世纪的吕底亚城邦（位于如今的土耳其），后来传至希腊其他地方。钱方便了人们的生活，因为大家可以直接用钱买卖，而无须交换货物。每个城邦都有自己的货币，上面通常刻有他们最崇敬的男神或女神。

3秒钟总结

食物、家庭用品和服务都在集会所，即公开集会的场所进行交易。

小知识

集会所的法律和秩序

古希腊对湿的和干的商品有标准的计重和度量方法，所有商贩必须遵守。检查人员四处巡逻，检查他们是否遵守规定。除此之外还有集市巡警，他们负责执法、调解纷争和抓小偷。

集会所位于古希腊各城镇的中心

食物在集会所的露天摊位上出售

小商贩向路人叫卖，推销自己的货物

有钱人家的妇女不能出门，因此购物由丈夫代劳

男人在外购物的时候可以在理发店剪头发

穷人家的妇女在集市上购物、做买卖，但雅典女人不允许买或卖价值超过一定量的大麦的东西

宗教和节日

宗教对古希腊人来说至关重要，他们信奉诸多男女神祇。除了在家祭拜，人们过节时也会聚在一起，在富丽堂皇的神庙里祭奠众神。每个神庙为特定的神而修建。奥林匹克运动会正是源于祭拜宙斯的宗教节日，这场为期五天的比赛吸引了古希腊各个地方的参赛者。

男女神祇

30秒大揭秘

古希腊人信奉男女神祇。神像人一样生活、相爱、作战，但他们永远不会老去或死去。人们认为神的力量统摄万物。

奥林匹斯山上共有十二位主神和其他小神灵。宙斯是众神之王，具有最高权威。他的兄弟波塞冬掌管海洋，另一个兄弟哈得斯是冥府之神。宙斯娶了女性和婚姻的守护神赫拉，但他屡次背叛她，和凡人相爱。宙斯和赫拉的儿子阿瑞斯是战神，他野蛮凶狠，时常征战。

古希腊人每天都要在祭坛前向诸神祈祷，祭坛一般置于院子里。全家人一起祭拜，甚至连奴隶也要参与。他们口念祷告语，将食物奉给神灵，并宰杀小动物献祭。

古希腊人认为人可以和神灵商谈，以供品祈求健康和快乐。他们赞美诸神，并希望他们能治好人的疾病，保佑丰收或战争胜利。

3秒钟总结

古希腊人向众神祈祷，以期神灵在日常生活中保佑他们。

小知识

来自神谕所的建议

古希腊人向神寻求建议，尤其是类似是否开战这样的重大决定。他们到一个叫神谕所的地方献祭（通常是山羊）并向神灵提问，男祭司或女祭司作为中间人。在德尔菲城的神谕所，太阳神阿波罗通过一位名叫皮提亚的祭司传递口谕。皮提亚吸一口桂冠叶焚烧产生的烟雾，陷入神谕状态，并给出阿波罗的答案。答案通常模棱两可，会引发有关其含义的激烈讨论。

古希腊人认为重要的神灵住在奥林匹斯山

神庙

30秒大揭秘

古希腊人给他们的神建造了神庙作为家园。最早的神庙由简单的泥土和砖砌成，但到黄金时代，结实的石砌神庙就在古希腊随处可见。这些神庙大多是城邦中装饰精美的建筑。

古希腊人认为神灵的灵魂居住在神庙里。每个神庙供奉特定的神，并立有一尊巨大的神像。比如，科林斯神庙供奉阿波罗的雕像。神庙大门一开，神就能望见外面的宽阔庭院。过节时，人们都聚在一起，献上特殊的礼物，并祭拜神灵。

在神庙里，男祭司带头敬拜神灵，而女祭司带领大家向女神献祭。雅典的帕提侬神庙为雅典娜女神而建，她是城邦的守护神。帕提侬神庙的女祭司被尊为灵界与雅典人之间的重要纽带。古希腊女人可以从事的最重要的工作就是女祭司了。

3分钟任务

埃尔金大理石雕之争

埃尔金大理石雕是一组雕塑群，在1802年至1812年由英国的埃尔金勋爵从帕提侬神庙运到了伦敦。在英国民众纷纷指责他的贪婪之举时，政府从他手中买下了这一珍品，并存放于大英博物馆。希腊政府多次要求他们返还，但大英博物馆称他们是在保护属于全世界的文物。上网搜索埃尔金大理石雕之争，你认为埃尔金大理石雕应该留在英国还是归还给希腊？

3秒钟总结

古希腊人建造美丽的神庙，以供奉男女神祇。

帕提侬神庙，建于公元前447年至公元前432年，是雅典甚至整个古希腊最壮观的神庙

帕提侬神庙位于雅典卫城。那里是城市中的一片高出地面的平地，所有神庙都建在那里

外围的大理石横饰带上刻有雕塑，上面是前来祭拜的人群

柱廊由柱子组成，围绕在建筑四周，短边8根柱子，长边17根柱子，许多柱子至今屹立不倒

许多神庙雕像仍能在今天欧洲的博物馆内见到，多数收藏在雅典和英国伦敦的大英博物馆

帕提侬神庙中央立有一座12米高的雅典娜女神雕像

木质雕像的表面饰有珍贵的象牙，而雅典娜的裙子是纯金箔做的

节日

30秒大揭秘

如果你抱怨周末太短，那就可怜可怜古希腊人吧，他们连周末都没有。节日是仅有的假期，所以每个人都盼着过节。这也是贵妇们不多的出门机会。所有人都盛装打扮，男人们喝酒，甚至奴隶也乐在其中。

古希腊人庆祝体育、丰收和宗教节日，也为婚礼和生日举办庆典，其中宗教节日是最盛大的。泛雅典娜节是为了庆祝雅典娜的生日，每年在雅典举办一次。每四年还有一场持续六天的大庆典。

泛雅典娜节以庆典队伍行至帕提侬神庙献上礼物和动物祭品为结束。公牛被带到雅典娜雕像前的石头祭坛上，人们将牛头抬起，使之面向天空，从公牛的喉咙处一刀割下去，瞬间鲜血四溅。据说女人们会吓得尖叫！古希腊人庆幸神灵喜欢动物的脂肪和骨头，这样他们就能享用美味的肉了。

3秒钟总结

宗教节日是古希腊的节日里最重要的。

小知识

狄俄尼索斯节

狄俄尼索斯是管理酒、农业和戏剧的神，所以人们在雅典的狄俄尼索斯节上喝酒、举办餐会和欣赏戏剧。所有公民都参加，不管男女，连来自古希腊周边的访客也不例外。一行人唱着歌，喝着酒，吵吵嚷嚷，背着狄俄尼索斯的铜像穿过街道，浩浩荡荡地来到剧场。接下来的好几天，冗长的悲剧和喜剧轮番上演，最后从中评选出获得最佳戏剧奖的作品。

泛雅典娜节以队列行进、供奉动物祭品和举办宴会的方式庆祝雅典娜的生日

最重要的公民带领队伍向帕提侬神庙前进

人们给雅典娜的雕像穿上了一条新的金裙子

公牛被带到神庙，在举行祭祀仪式后被宰杀，它的肉在祭坛的火堆上烤熟，供每个人免费饱餐一顿

士兵、祭司、舞者、音乐家和诗人也参与其中

奴隶和妇女也得以暂时放下工作，享受节日

奥林匹克运动会

30秒大揭秘

古希腊人知道运动有助于身体健康，而且这对士兵来说尤为重要。体育活动是宗教节日的一部分，在公元前776年的奥林匹亚，原本是在节日中赞美宙斯的体育比赛渐渐发展成奥林匹克运动会。

奥林匹克运动会每四年举办一次，是空前盛大的活动。为了让古希腊各地的运动员和数千名观众能顺利抵达奥林匹亚，连军队都要停战为他们让路。主要的比赛结束后，会有一场规模较小的女子运动会，不同年龄的女性参与赛跑。

奥林匹克运动会只有男性可以参加，运动员赤裸全身参赛，而已婚妇女不允许观看；如果被抓到，作为惩罚，她会被扔到山下。一些项目和今天的十分相似，比如跑步、跳高、跳远和掷铁饼，至于其他项目，你就叫不出名字了。

获胜的运动员可以戴上橄榄叶桂冠，他们带着荣誉返乡，被人们奉为英雄。最有名的一位运动员是来自克罗顿的摔跤手米伦，他在公元前6世纪末赢得了六次冠军。

3秒钟总结

来自古希腊各个地方的男运动员在奥林匹克运动会上互相较量。

小知识

马拉松的起源

在邮政服务出现以前，通常是长跑选手挨家挨户地传递信息。公元前490年，古希腊人在马拉松之战中击败波斯人，并派了一个人跑步将好消息带回雅典，里程约39千米，这次长跑就是马拉松比赛的起源。现代马拉松最早举办于1896年第一届现代奥林匹克运动会召开之时。今天，马拉松的标准距离约是42.195千米。

奥林匹克运动会本是宗教节日的一部分，那个节日是为了致敬众神之王宙斯。当地祭司担任比赛裁判

只有男运动员参加奥林匹克运动会，且他们都赤裸身体参赛

一些比赛项目和今天的非常相似

掷标枪

跑步

跳远

掷铁饼

其他的运动不太熟悉

在重装步兵赛中，跑者穿上护腿和头盔，并手持沉重的盾牌

古希腊式搏击这项粗暴的运动结合了拳击和摔跤，只有当一方晕倒，比赛才算结束。运动员可以使用除咬和抠眼睛以外的所有技巧

四马牵引的战车比赛非常危险，40辆战车在长达14千米的赛道上互相角逐

建筑、艺术和科学

古希腊以杰出的艺术和建筑闻名，这里有栩栩如生的雕像，也有宏伟的大楼，柱石高耸，横饰带精美绝伦。与它们同样闻名的是古希腊伟大的思想家。这些人聚在体育场内，不仅为了锻炼，还讨论哲学、科学和新发明。反复讲述神话和英雄故事是希腊人的休闲方式，最受欢迎的消遣是到剧场看悲剧和喜剧表演。

雕塑家和雕像

30秒大揭秘

自公元前7世纪起，古希腊人就在大理石、石灰岩或青铜上雕刻等身塑像，祭奠当时的神灵和英雄。许多雕像是裸体的，因为古希腊人认为裸体和英雄主义紧密相关。雕塑家以肌肉发达的运动员作为模特。

早期（前660—前480年）的雕像刻板生硬，不贴近现实。但到了雅典文化的黄金时代（前480—前330年），雕像更写实了。艺术家对人体的外形和运动更加了解，通过塑造一系列更丰富的表情来传达人物的情感。

雕像描绘神祇和当时的名人，如政治家和运动员。他们都展现了完美的人类形象：美丽、优雅的女人和身体比例匀称的男人。一些雕像刻得栩栩如生，仿佛还能呼吸和运动。雕像被刷上鲜艳的颜色，用玻璃或石头当眼睛。

只有极少数的古希腊雕像留存下来，许多石灰岩和大理石的雕像后来都被烧毁了，烧剩的石灰被用来做水泥。而贵金属雕像在熔化之后另作他用。

3秒钟总结

在黄金时代，艺术家雕刻了以神祇、运动员和政治家为对象的生动的塑像。

3分钟任务

雕刻一个肥皂半身像

你需要：互联网、一块肥皂、牙签和餐刀

1. 上网找一幅希腊半身像的图片。
2. 把肥皂竖直立起来，用牙签在肥皂上刻出脸、头发（或头盔）和脖子的轮廓。
3. 用餐刀小心地将塑像的轮廓切下来。
4. 用牙签补上脸的细节，并做好发型。

艺术家用失蜡法制作出青铜塑像

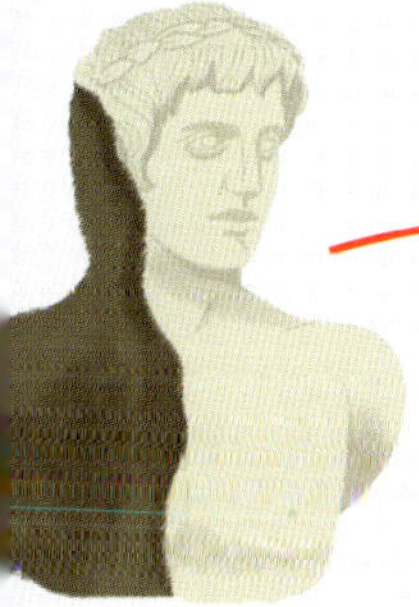

1.先制作一个蜡像模型

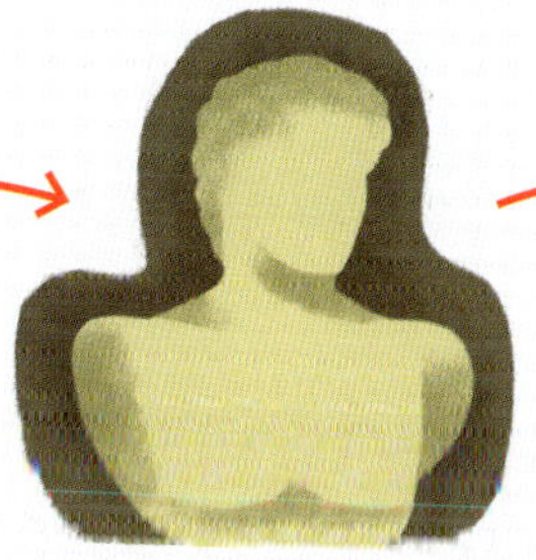

2.在模型表面涂上几层黏土

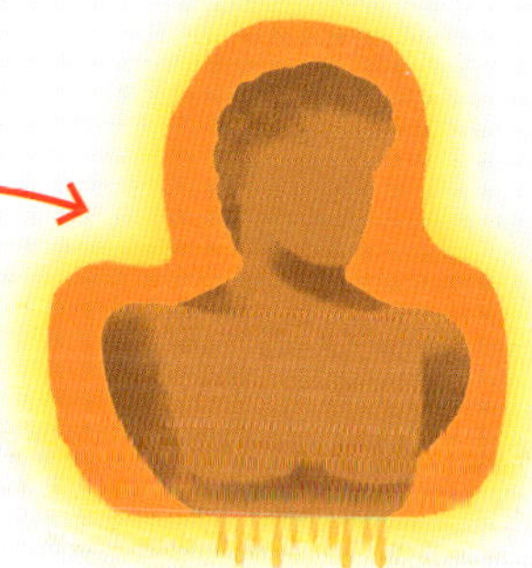

3.把模型放进窑里焙烧，蜡熔化之后留下坚硬的黏土外壳

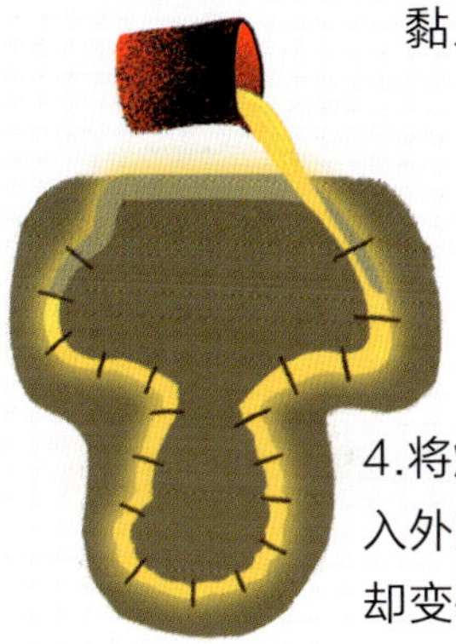

4.将熔化的金属倒入外壳中，待其冷却变硬

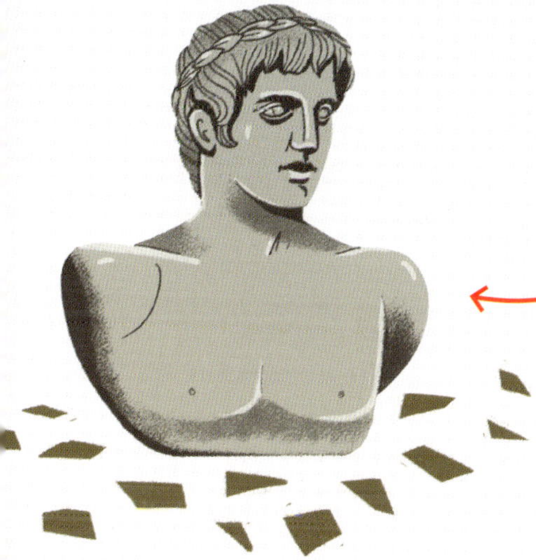

5.将外壳打碎，露出里面空心的金属雕像

石像用石灰岩或大理石做成，用锤子和凿子雕刻出形状

建筑

30秒大揭秘

古希腊建筑师以房屋设计精准闻名。在开工前，长度和角度都经过了精确计算。

所有公共大楼都有柱子。水平的横梁和柱子相互交叉，上面放置屋顶。这是经典的希腊设计风格。如果你看到类似的现代建筑，就知道它是受到了古希腊人的启发。

公元前400年，希腊各城邦遵循整齐的网格状规划，在不同区域进行不同的活动。为了保护城邦，多数城镇四周筑有石墙。主干道通常由城门延伸至集会所——一个巨大的方形集市。它旁边是柱廊，走廊上有顶棚，以便为人们遮阳挡雨。柱廊的一端是开放的，有许多小摊和商店。

重要的政府大楼就建在集会所旁边。在雅典，议事会在议会厅举办，这个大房间的三面都排列着一层层的座位，这样每个人都能听清楚彼此说话。最高议事会委员会在名为tholos的圆形建筑里开会。

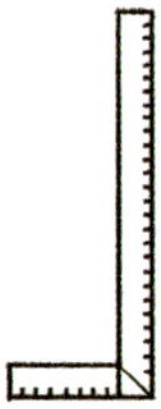

3秒钟总结

古希腊城邦和其中的建筑都经过精心规划。

3分钟任务

设计一座希腊神庙

你需要：互联网、白纸、尺子、铅笔和毡尖笔

你现在是一个穿越到过去的建筑师，要建造一座新的神庙。上网看看希腊神庙的图片，寻找灵感，然后画出你自己的神庙。记得用尺子，以确保测量的数据是准确的。你要决定神庙需要几根柱子，高度是多少，风格是多立克式、爱奥尼式还是科林斯式。还要设计刻在顶上的横饰带和山墙。

经典的希腊式建筑都有柱子、楣梁、横饰带和山墙

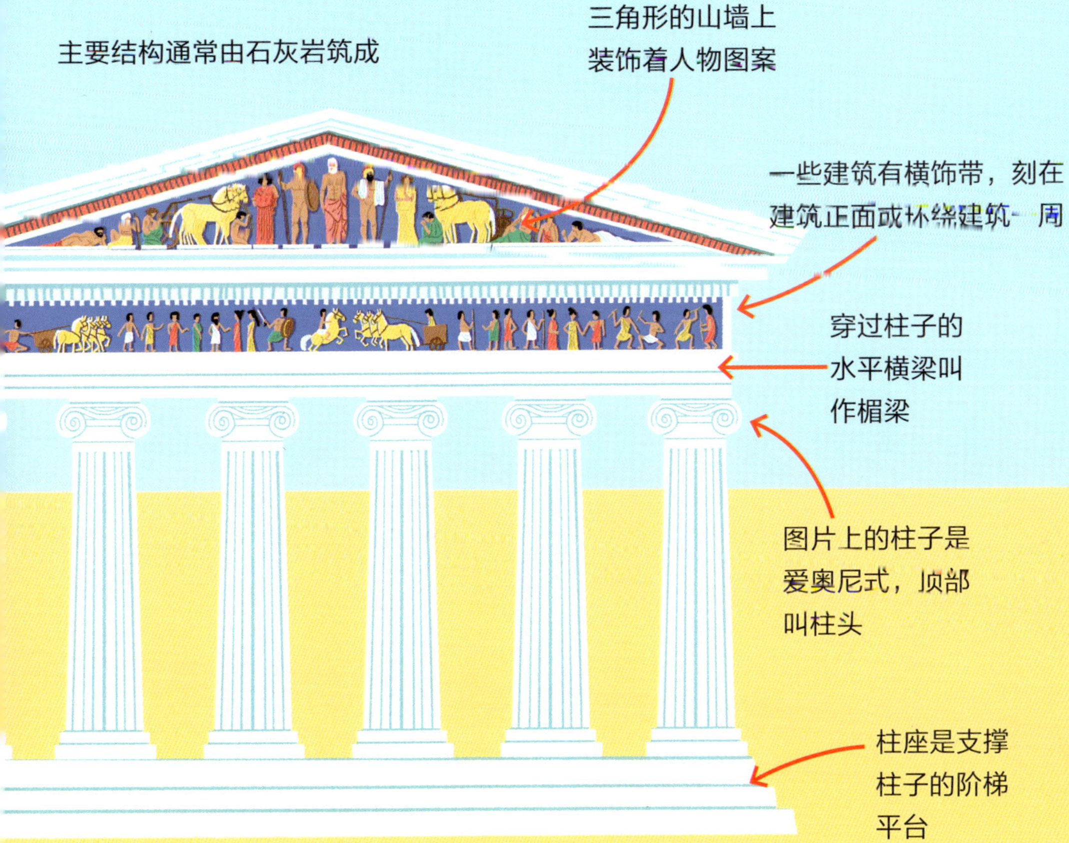

自公元前7世纪起，人们就开始使用简单的多立克式柱子，一种柱头非常简单的柱子

公元前6世纪末起，细长的爱奥尼式柱子发展起来，柱头带有装饰

科林斯式比较少见，约公元前427年起被人们使用

伟大的思想家

30秒大揭秘

包括苏格拉底、柏拉图和亚里士多德在内的古希腊哲学家提出了许多观点。这些观点是西方哲学的基础。

“哲学家”一词的意思是“热爱知识的人”。哲学是一门研究人性、知识和理性的学科。古希腊哲学家经常思考生命的意义，提出类似“我们如何知道事物存在”的问题。他们思考如何做人以及管理国家。

苏格拉底（前469—前399年）认为，人应做理性思考并探索真相。他提出许多问题，从而让别人找到思考的漏洞。比如他说，自己并不害怕死亡，因为他不知道死后会有什么。而他怎么会害怕不知道的东西呢？他鼓励学生质疑所有事物。

柏拉图

柏拉图（前427—前347年）是苏格拉底的一个学生。他关注道德也即关于对错的问题。他写了一本叫《理想国》的书，教人如何以最好的方式管理城邦。柏拉图认为要么哲学家应该成为君王，要么君王成为哲学家，因为哲学家是聪明智慧的。柏拉图最有名的学生是亚里士多德（前384—前322年），他发展了逻辑学和推理学。

3秒钟总结

古希腊哲学家探讨如何做人以及如何管理国家。

3分钟任务

像哲学家一样思考

亚里士多德提出了三段论，包含三部分。举例如下：

所有鸟都能产卵，天鹅是鸟，所以天鹅能产卵。

你能想出另一个三段论的例子吗？确保每个句子都是正确的，不然你的逻辑就有漏洞。

柏拉图用山洞的故事告诉我们，你不能仅凭经验知识，即看到的和听到的东西做出判断

科学和发明

30秒大揭秘

希腊人喜欢探讨数学和科学问题。他们通过寻找事情发生的自然原因，了解世界是如何运行的，而不是仅仅接受他们是由神创造出来的观点。

如果你在数学课上学过圆形，那可要好好感谢伟大的科学家阿基米德，因为他在公元前3世纪算出了圆周率。他还有另外一个闻名于世的重要发现。据说有一天他跳进浴缸时，注意到有许多水溢了出来，于是他发现能通过测量排水量算出自身的体积。

大约在同一时期，萨摩斯岛的阿里斯塔克发现地球绕着太阳旋转，甚至算出了太阳和地球之间的距离。但没有人相信他，他们仍然觉得是太阳绕着地球转。直到16世纪，他的理论才得到一些支持。

大约在1900年，一艘罗马的沉船在希腊的安蒂基西拉岛被人发现，人们在沉船残骸中发现一个装有40个传送带和齿轮的复杂装置，后来得知这是古希腊用来研究恒星和行星运动的机器。这是世界上最古老的计算机，已经2 000岁高龄了！

π

3秒钟总结

古希腊科学家在数学、科学和天文学方面做出了重大贡献。

3分钟任务

自己发现圆周率

你需要：圆形卡片、一根线和剪刀

将绳子绕在卡片的圆周上，剪出周长长度的绳子。

把这条绳子拉直，比着卡片直径，剪出尽可能多的直径长度的绳子。你应该能剪出3条直径，并且剩下一小截，因为圆周率 π 的值约为3.14。圆的周长（C）等于圆周率（π）乘以直径（d），即 $C=\pi d$。

阿基米德是一个聪明的数学家、
天文学家和发明家

阿基米德通过浴缸里溢出的水发现，一个物体能排出和它自身体积相等的水

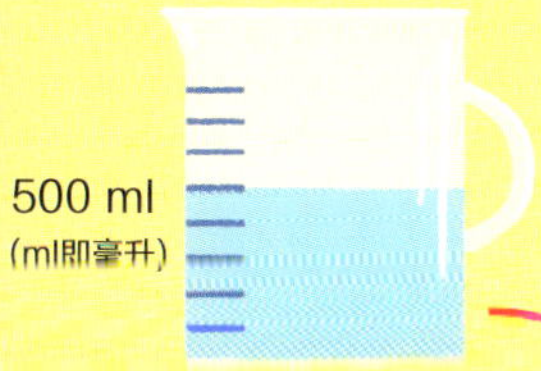

1. 水杯里装着500毫升的水

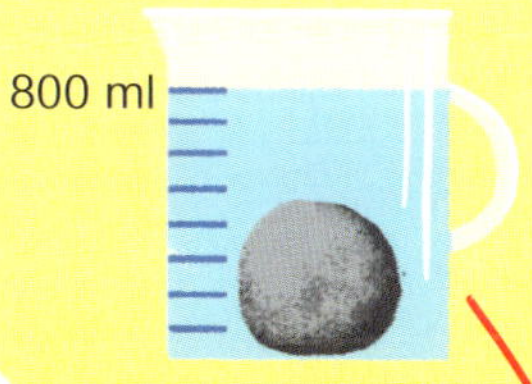

2. 把一块石头放进水里，水平面上升至800毫升

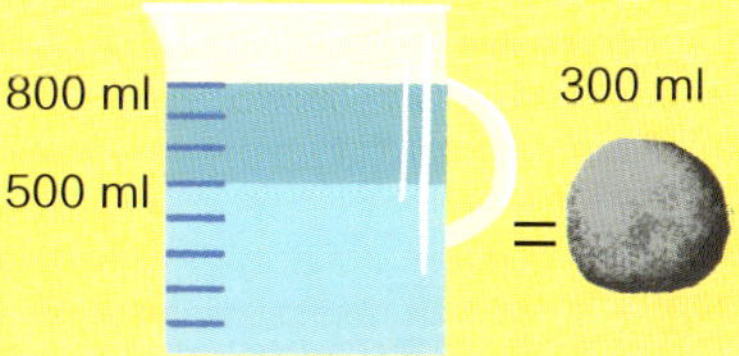

3. 水增加的体积等于石头的体积，你可以用有石头时水的体积减去一开始时水的体积（800毫升－500毫升=300毫升），就能得出石头体积

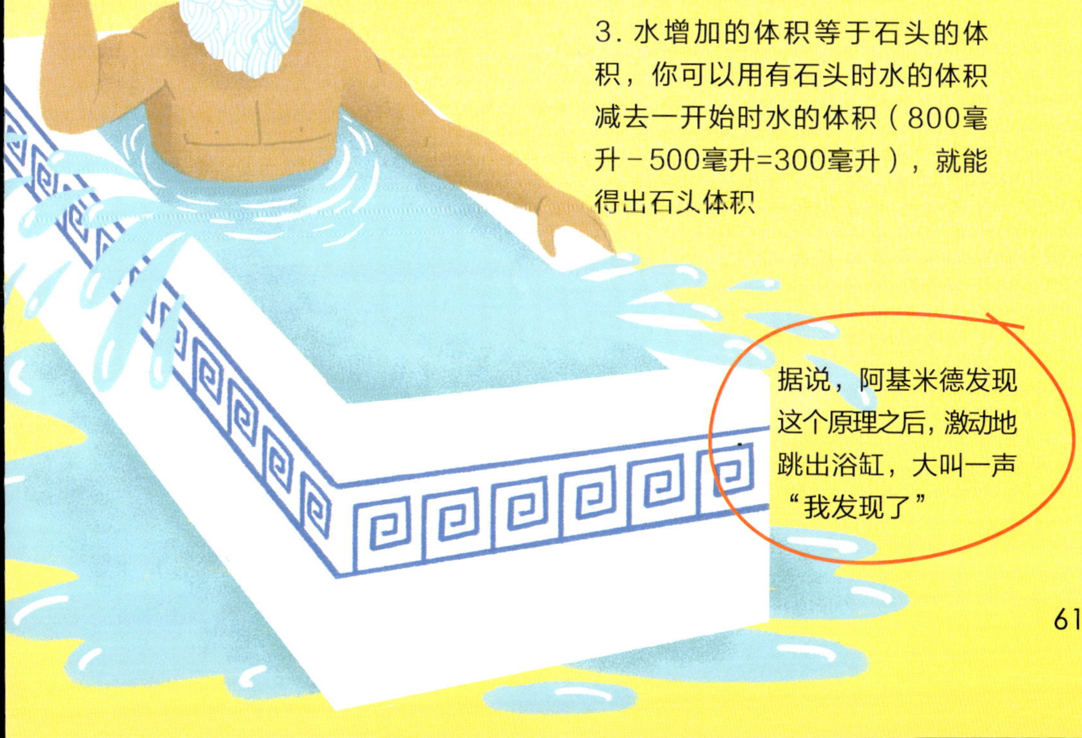

据说，阿基米德发现这个原理之后，激动地跳出浴缸，大叫一声“我发现了”

最会讲故事的人

30秒大揭秘

古希腊人善于讲述富于想象力的故事。他们创造了神话故事，用来解释自己无法理解的自然力量，比如世界的起源、太阳在天空中的运动和地震。诗人详述神、英雄和怪物的冒险经历。

以下是古希腊人对四季变换的解释。冥府之神哈得斯爱上了丰收女神得墨忒尔的女儿普西芬妮，并把她带到了冥府。得墨忒尔气得把所有庄稼都毁了。哈得斯妥协了，允许普西芬妮每年回到地上六个月。当她回去的时候，得墨忒尔开心，人们就迎来春天和夏天，谷物丰收。而当普西芬妮回到冥府时，季节就变成了秋天和冬天。

诗人讲述古希腊英雄奇妙的经历。两部最有名的古希腊史诗是荷马的《伊利亚特》和《奥德赛》，它们很可能写于公元前8世纪到公元前7世纪。《伊利亚特》写的是希腊与特洛伊的战争，而《奥德赛》记录了英雄奥德修斯战后返乡途中的故事。

约公元前600年，诗人萨福生活在莱斯博斯岛上，这里的女人比大陆上的女人更自由。萨福擅长描写富有女人的爱恨情仇，可惜的是，她只有一首诗留传了下来。

3秒钟总结

古希腊诗人讲述英雄的故事，创造神话来解释自然现象。

小知识

特洛伊战争：事实或虚构？

古希腊人除了写故事，也记录真实的历史事件，有时二者交织在一起。特洛伊战争的一些细节很明显是杜撰的，因为故事中出现了神祇。但这个传说很可能也基于真实事件，考古学家在当地发现了特洛伊城和与战争相关的证据，因此这看起来是一个事实和虚构结合的故事。

古希腊人喜欢讲英雄的英勇事迹

最伟大的古希腊英雄是赫拉克勒斯，他完成了十二项非常困难的任务，包括徒手杀死一头狮子

珀耳修斯打败了女妖美杜莎，美杜莎的一个眼神就能让人变成石头，珀耳修斯用盾牌当作镜子，避免直接和她对视

奥德修斯战胜了独眼巨人库克罗普斯，独眼巨人把奥德修斯和他的同伴囚禁在洞穴里，于是他们戳瞎了库克罗普斯的眼睛，并悄悄躲在绵羊的肚子下面，在它们出洞吃草时逃了出去

忒修斯杀死了米诺陶洛斯——牛头人身的怪物

在剧场里

30秒大揭秘

古希腊人喜欢到剧场去，戏剧表演是宗教节日庆典的一部分，能持续好几天。剧场在户外，有上千人观看。

喜剧和悲剧是主要的戏剧类型。喜剧中全是滑稽的段子和粗俗的笑话；悲剧故事则非常悲惨，多数角色都有悲惨的结局。最有名的古希腊剧作家包括欧里庇得斯、埃斯库罗斯和索福克勒斯，这些都是悲剧作家，而阿里斯托芬是喜剧作家。

尽管许多喜剧都围绕有权势的女人展开，但所有演员都是男性，表演时装扮成女人的样子。饰演不同角色的演员戴上不同的面具，面具上的表情能展现他们的心情。他们身穿有衬里的戏装、厚底鞋，戴巨大的假发，以便让后排观众也能看清。台词是伴着音乐唱出来或说出来的。

3秒钟总结

古希腊人喜欢在剧场观看喜剧和悲剧表演。

3分钟任务

制作一个面具

你需要：纸盘、铅笔、剪刀、打孔机和橡皮筋

1. 将纸盘放在脸上，标出眼睛和嘴巴的位置。
2. 画出你想要的表情，然后把眼睛和嘴巴剪掉。
3. 在盘子两边各打一个洞，穿上一根橡皮筋，然后打一个结。

演员戴上面具，以便让观众看清他们的表情：悲伤、快乐或生气

古希腊剧场有一个巨大的半圆形座位区、一个较高的舞台以及一个合唱队席，即合唱团表演的地方

舞台后面的吊升机械将演员吊起来，就像他们会飞一样

座位是石头做的，因此最好带上坐垫，免得弄疼了屁股

在合唱队席中，合唱团借歌曲解释舞台上发生的故事

战争和帝国的终结

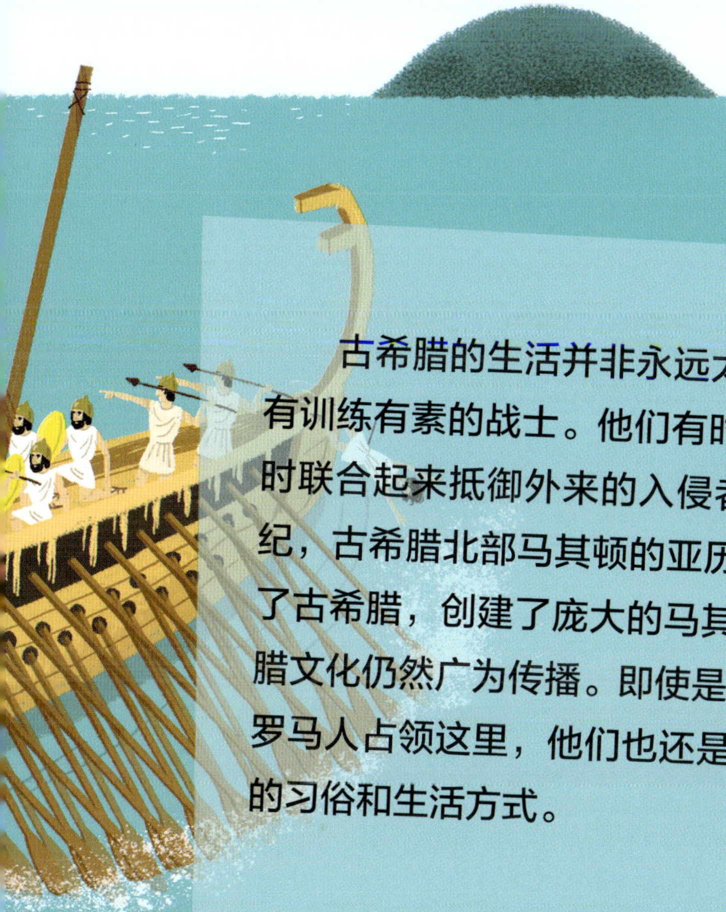

古希腊的生活并非永远太平。各城邦都有训练有素的战士。他们有时互相作战，有时联合起来抵御外来的入侵者。公元前4世纪，古希腊北部马其顿的亚历山大大帝征服了古希腊，创建了庞大的马其顿帝国。但希腊文化仍然广为传播。即使是公元前30年古罗马人占领这里，他们也还是保留了古希腊的习俗和生活方式。

战争和围攻

30秒大揭秘

整个古代西方世界都对勇猛可怕的希腊士兵闻风丧胆，因为他们个个训练有素且身经百战。在斯巴达，孩子从7岁就开始接受军事训练，所有男性都必须参军。在雅典，约公元前330年起，所有年满18岁的男性公民都必须应征入伍。他们从20岁至50岁都在名册里，一旦开战就奔赴战场。

一些希腊战士在马背上作战，但大部分都是步兵，被称为重装步兵。这些步兵需要自己购买兵器和盔甲，价钱虽然昂贵，但能救他们的命。最穷的公民买不起这些装备，只能带上弓箭、棍棒或装有石头的弹弓作为保护，但是不穿盔甲。

在战争中，双方军队冲向彼此，以手中的剑、矛和棍棒进行攻击。有时，进攻方围攻某个城市，士兵将城市包围，不让任何人进出，等待城中的存粮消耗殆尽。然后，他们用石弩和破城槌推倒城墙，进城并杀光民众。

3分钟任务

写一封密信

你需要：一张长纸条、两根相同或相似的竹筒、钢笔和一个朋友

约公元前400年，斯巴达人使用密信传达作战计划。他们把纸条绕在一根木棍上，然后从上往下书写。松开纸条后，再用随意的字母把缝隙填满。这样，即使敌人拿到密信也破解不了。等密信到达指定的收信人手里，对方就能把纸条绕在一根相似的木棍上，读出上面的信息。你也试试吧。你的朋友读懂你的信了吗？

3秒钟总结

在多数战争中，步兵军队冲向彼此。

多数古希腊士兵是步兵，被称为重装步兵

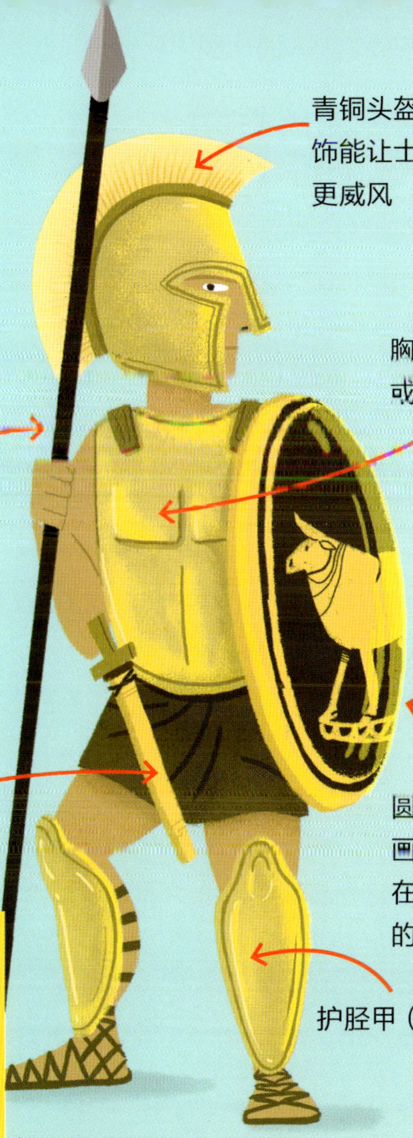

青铜头盔顶上的羽饰能让士兵看起来更威风

重装步兵需要自己购买盔甲和兵器

胸铠用金属或布做成

双头长矛用来刺杀敌人

圆形的盾上通常画有士兵家乡所在的城市或家族的标志

短柄铁剑用来捅杀敌军

护胫甲（青铜护腿套）

攻击敌方城市时，希腊人用攻城塔作为保护，这样他们就能顺利爬上城墙

战争中，重装步兵以方阵队形作战，排列成紧密的方块，前排士兵接近敌人时向前伸长矛

战时帝国

30秒大揭秘

古希腊的黄金时代因战争而中断。有时城邦联合起来抗击外敌，有时彼此之间开战。

公元前490年和公元前480—前479年，古希腊和波斯帝国开战。公元前490年，波斯帝国国王大流士一世发动了马拉松战役。尽管敌方士兵人数是古希腊的两倍，古希腊人还是守住了阵地，并且出人意料地赢得了胜利。

公元前480年，波斯国王薛西斯又发动了一次战争，把雅典烧成了平地。但古希腊人在萨拉米斯战役这个古代规模最大的海上作战中击败了他们。第二年，他们把残存的波斯势力都逐出了希腊大陆，重建了雅典。

公元前479年，以雅典为首的古希腊各城邦建立了提洛同盟，目的在于防止波斯再次入侵。但一些希腊城邦却不满雅典在同盟中的统治地位，以斯巴达为首建立了与之抗衡的伯罗奔尼撒同盟。双方在公元前431年发动战争。伯罗奔尼撒战争持续了好几年，雅典人的海军实力略胜一筹，而斯巴达的陆军更为强大，双方一直僵持不下。公元前404年，雅典终于投降。雅典的失败导致了古希腊的衰落。

3分钟任务

温泉关战役

著名的温泉关战役发生在公元前480年，一支由300名斯巴达士兵领导的有6 000人的希腊军队在狭窄的隘口里拦住了10万波斯大军，阻止他们进入希腊。第三天，一个希腊叛徒带波斯人找到了秘密小道，想从后方攻击希腊军队。虽然斯巴达人视死如归，奋勇反抗，但他们最终还是被击败了。

3秒钟总结

古希腊的主要战争包括对抗波斯帝国的战争和伯罗奔尼撒战争。

公元前480年，希腊人打败了实力比自己强大许多倍的波斯舰队，赢得了萨拉米斯海战

与波斯舰队碰面后，希腊舰队佯装撤退，退到了萨拉米斯附近水域狭窄的海峡，波斯人误以为他们投降了，于是尾随其后，结果被骗

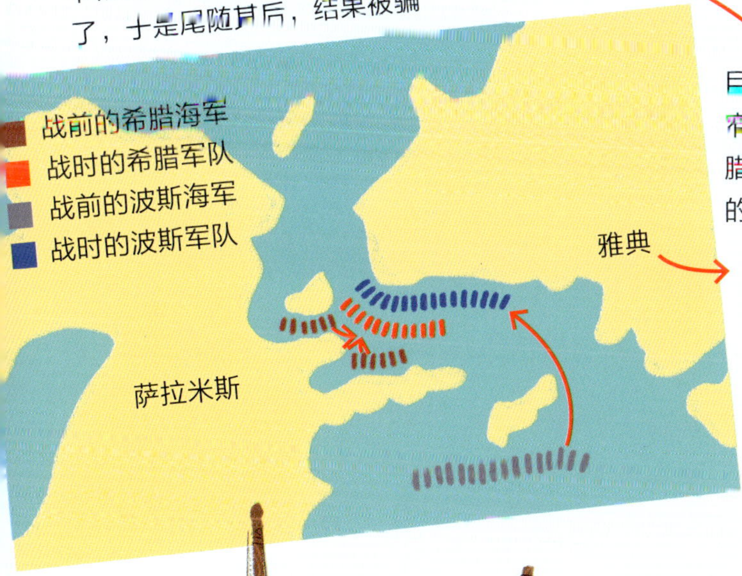

巨大的波斯战船不能在狭窄的海峡中自由穿梭，希腊人发动进攻，凭借敏捷的战船击沉了数百艘船

古希腊和波斯的战舰有三层桨座，每边都有三排船桨，由170名划手控制，船桨和船帆能让战舰更迅速地移动

在战争中，希腊战舰慢慢靠近波斯战舰，用尖尖的金属船头猛撞其边缘，这时，弓箭手向敌人射箭

亚历山大大帝

30秒大揭秘

公元前4世纪起，古希腊的势力逐渐衰弱。公元前338年，位于古希腊北部的马其顿王腓力二世在喀罗尼亚战役中打败了众多城邦，将古希腊归入马其顿的控制下。他废弃了古希腊的民主制，但却非常迷恋古希腊文化。两年后，他遭刺杀身亡，他的儿子，当时20岁的亚历山大成为马其顿帝国的统治者。

亚历山大大帝是一个战绩显赫的人，野心勃勃。公元前334年，他踏上了征战的道路，通过十一年的南征北战缔造了当时版图最大的帝国。他征服了波斯、叙利亚、埃及和阿富汗，将古希腊文明和文化带到了这些国家。但他并不满足于此。

公元前327年，亚历山大开始出征印度。公元前326年，他凭借强大的实力赢得了希达斯皮斯战役，打败了有“移动的坦克”之称的骑象士兵。但亚历山大手下的士兵都厌倦了战争，很多人已经打了八年仗，不想再继续。故而伟大的征服者收手了。

公元前323年，亚历山大病逝，时年33岁。他死后，古希腊文化仍然在他征服的国家中得以保留。

3秒钟总结

亚历山大大帝缔造了古代世界版图最大的帝国。

3分钟任务

亚历山大大帝死于疾病还是谋杀？

直至今日，历史学家对亚历山大大帝的死因仍存在许多分歧。很多人认为他死于疾病，比如疟疾，但其他人认为他被手下的将军毒害。上网查找资料，看看都有哪些不同的说法。你认为最有可能的解释是哪一个？

公元前334—前323年，亚历山大大帝以征服的手段缔造了一个巨大的帝国，版图扩张至印度

公元前334年：亚历山大入侵波斯，在第二年的伊苏斯战役中打败了波斯国王大流士三世

公元前326年：在海达佩斯战役中，亚历山大的军队打败了包括85头全副武装的大象在内的军队，马其顿人尖锐的长矛拦住了象群

公元前331年：波斯在高加米拉战役中战败，亚历山大被奉为亚洲之王

公元前332年：埃及臣服于亚历山大的统治，亚历山大在埃及建立了亚历山大城

亚历山大以自己的名字命名了17个新城市，称之为亚历山德里亚，还有一个城市以他的爱马布西法拉斯命名（如今巴基斯坦旁遮普省的法利亚）

希腊化时代

30秒大揭秘

亚历山大死后，国内爆发了内战，他手下的将军互相厮杀，以期创建属于自己的王国。尽管古希腊帝国黄金时代已经不复存在，这一时期仍被称为希腊化时代，并一直持续到公元前30年。

公元前281年，亚历山大大帝缔造的帝国被分成三个部分，分别被不同的王朝统治：安提柯王朝统治了古希腊和马其顿，塞琉西王朝统治亚洲、小亚细亚和巴勒斯坦，托勒密王朝统治埃及。

但古希腊的语言和文化继续在西亚传播，甚至范围比之前更加广泛。古希腊自身却不再是希腊化的中心。埃及的亚历山大城变成更重要的经济和文化中心。

再往西边，一个新的帝国正在崛起，古罗马开始征战希腊化的王国。公元前2世纪，古希腊成为罗马帝国的行省。有“埃及艳后”之称的克娄巴特拉七世是最后一个希腊化时代的统治者，直至公元前30年古埃及被罗马征服。但古罗马人并没有丢弃希腊文化，相反，他们学习希腊人的做法，将他们的文字、艺术、科学、数学和哲学保留下来，并传播到整个帝国。

3秒钟总结

希腊化时代一直持续到公元前30年，以古罗马占领最后一个希腊化的国家为终点。

3分钟任务

众神配对

许多古罗马的神灵和古希腊的神灵是相似的，你能把罗马神话中的名字和原本的希腊众神逐个匹配吗？可以上网寻求帮助。

古希腊：宙斯、赫拉、阿瑞斯、得墨忒尔、波塞冬、哈得斯、雅典娜、阿佛洛狄忒

古罗马：朱诺、尼普顿、密涅瓦、马尔斯、维纳斯、普鲁托、刻瑞斯、朱庇特

（答案在78页）

古希腊黄金时代之后的希腊化时代（前323—前30年）持续到被古罗马占领为止

公元前323年：亚历山大去世，他手下的将军瓜分了帝国，互相残杀

公元前281年，昔日的希腊帝国被三个不同王朝统治：希腊的安提柯王朝、亚洲的塞琉西王朝，以及埃及的托勒密王朝

约公元前230年：亚历山大城取代雅典成为知识和科学的中心

那里的灯塔是世界古代七大奇迹之一

公元前146年：古罗马人入侵，古希腊成为罗马帝国的行省

公元前30年：古埃及向古罗马投降

古希腊给我们带来了什么

30秒大揭秘

你可能会惊讶地发现，我们身边有许多古希腊科学和文化的影子——从数学和医学到艺术、建筑、体育、剧院和政治。

一些理论大大超越了时代。民主原则直到2 000多年后才流传开来，在今天的大多数国家，公民可以投票选举。古希腊人早就找到了蒸汽机发动的原理，但直到1 700年后这项发明才出现并宣告了工业革命的到来。

你每次上几何课，都在运用古希腊人的发现。新入行的医生仍使用现代版的希波克拉底誓言，承诺不让病人受到伤害。他们建议我们健康饮食、保持卫生、经常锻炼，这也正是希波克拉底告诫病人的。

在很多城市，你会看到受到了古希腊设计启发的建筑，我们称它为新古典主义或新的古典建筑。许多剧场和音乐厅也是按照古希腊剧场的马蹄形设计并修建的，所有观众都能清楚地看到演员的动作，听见他们的台词。我们读古希腊神话，且古希腊戏剧也在剧场里上演。

3秒钟总结

古希腊的科学和文化仍影响着当今世界。

小知识

奥林匹克运动会

约公元400年，古罗马人废除了奥林匹克奥运会。直到19世纪末，人们又再次萌生了举办国际赛事的想法，于是在1896年，雅典举办了第一届现代奥林匹克运动会。自那以后每四年举办一次，两次世界大战期间除外。幸运的是，现代奥林匹克运动会取消了危险的战车比赛和凶残的古希腊式搏击！

古希腊文化影响着现代建筑、科学和政治生活

许多新古典主义建筑受到了希腊建筑的启发，如美国华盛顿特区的国会大厦

我们今天仍在使用许多古希腊的数学理论，比如圆周率

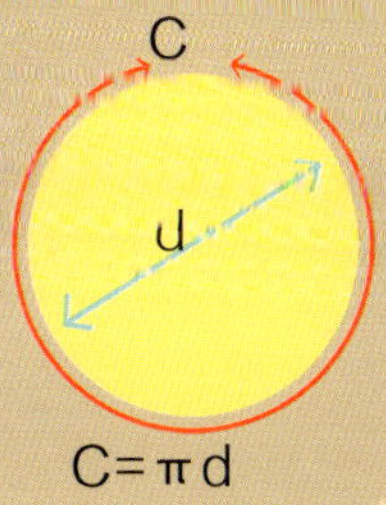

民主制早在公元前6世纪就由古希腊人提出

公元前776年，第一届奥林匹克运动会在古希腊举办

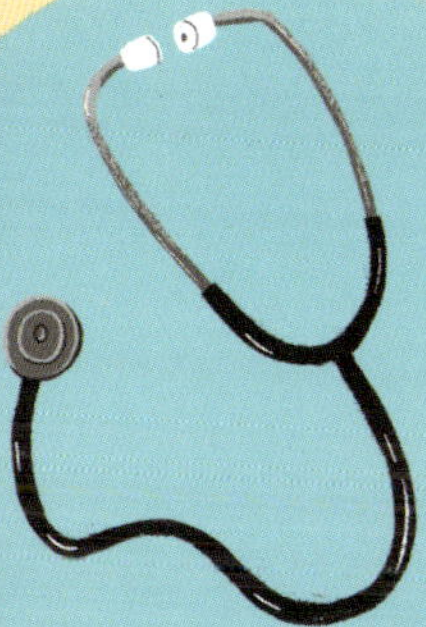

现代医生宣誓的内容改编自有2 400年悠久历史的希波克拉底誓言

许多欧洲语言的文字源于古希腊

古希腊人发明了由演员表演的戏剧

☆ 小问题答案 ☆

第74页 众神配对

宙斯=朱庇特	波塞冬=尼普顿
赫拉=朱诺	哈得斯=普鲁托
阿瑞斯=马尔斯	雅典娜=密涅瓦
得墨忒尔=刻瑞斯	阿佛洛狄忒=维纳斯